AF198917

Susanne Lorenz

# Superkraft

# Selbstfürsorge

45 Übungen für ein erfülltes und
glückliches Leben

Bibliografische Information der Deutschen Nationalbibliothek: Die Deutsche Nationalbibliothek verzeichnet diese Publikation in der Deutschen Nationalbibliografie; detaillierte bibliografische Daten sind im Internet über http://dnb.dnb.de abrufbar.

1. Auflage

© 2023, Susanne Lorenz, Berlin

Die Autorin geht davon aus, dass die Angaben und Informationen in diesem Werk zum Zeitpunkt der Veröffentlichung vollständig und korrekt sind. Die Herausgeberin übernimmt keine Gewähr, weder ausdrücklich, noch implizit, für den Inhalt des Werkes, etwaige Fehler oder Äußerungen.

Herausgeberin und Gesamtverantwortliche:

Susanne Lorenz

Buchcover: Susanne Lorenz

Grafiken und Buchsatz: Susanne Lorenz

Fotos: Jenny Pätzolt

Lektorin: Andrea Wieland

Herstellung und Verlag: BoD – Books on Demand, Norderstedt.

ISBN: 9783751930383

auch als E-Book erschienen

# Inhaltsverzeichnis

Aufgrund der leichteren Lesbarkeit wird auf die gleichzeitige Anwendung männlicher, weiblicher und diverser Formen verzichtet. Sämtliche Personenbezeichnungen gelten gleichermaßen für alle Menschen.

Für meinen König, der mich so liebt wie ich bin und auch so ein Superheldenfan ist wie ich. Danke für all die Abende mit Superheldenfilmen und die gemeinsamen Comic Cons!

# Vorwort von Alexander Niggemann

Liebe Leserinnen und Leser, verehrte Superhelden und die, die es werden wollen, wir brauchen mehr Superhelden!

Ich freute mich, als Susanne Lorenz mich fragte, ob ich das Vorwort für ihr neues Buch „Superkraft Selbstfürsorge" schreiben würde. Ich kenne sie persönlich und habe großen Respekt vor ihrer Arbeit als Trainerin für gewaltfreie Kommunikation (GFK).

Ich bin sicher, dass du, wenn du Susanne das erste Mal begegnest, sofort erkennen wirst, dass sie es geschafft hat, ihre eigene Superheldin zu verkörpern!

Susanne zeigt uns in diesem Buch, wie wir durch achtsame Selbstfürsorge unsere Zufriedenheit beeinflussen können. Dadurch stärken wir uns selbst, verbessern unseren Umgang mit Stress und Konflikten und sind insgesamt viel mehr im Einklang mit uns selbst.

Susanne hat mit „Superkraft Selbstfürsorge" ein Buch geschrieben, das uns zeigt, dass durch Selbstfürsorge auch der Umgang mit anderen Menschen harmonischer sein wird.

Diese Superkraft braucht jeder von uns, ob als Führungskraft oder im privaten Umfeld. Als Business - Experte für frische Unternehmenswerte weiß ich, wie wichtig es ist, sich nicht nur mit den Werten zu beschäftigen, sondern auch ins Handeln zu kommen.

Susanne hat dies auf eine sehr praktische und zugängliche Weise in ihrem Buch umgesetzt, indem sie uns zeigt, wie wir unsere Bedürfnisse erkennen und erfüllen können, um unser Wohlbefinden zu steigern.

Ihre Arbeit hat das Potenzial, das Leben der Leserinnen und Leser zu verbessern.


Viel Spaß bei der Entdeckungsreise deiner Bedürfnisse, Superheldenkraft und Umsetzung!

Dein Alexander Niggemann


Business - Experte für frische Unternehmenswerte, Entwickler der 5-B Strategie, Speaker und Autor

# Vorwort

Dieses Büchlein ist entstanden, weil die gewaltfreie Kommunikation (GFK) mein Hauptgebiet als Trainerin und Coach ist und ich mein Wissen und meine Erfahrungen weitergeben möchte.

Mit der GFK schauen wir uns intensiv unsere eigenen und die Bedürfnisse von anderen an. Bedürfnisse sind die Grundlage für unser Wohlbefinden. Sind sie erfüllt, geht es uns gut. Sind sie nicht erfüllt, geht es uns schlecht.

Oft haben wir den Eindruck, dass wir nicht viel Einfluss darauf haben, wie es uns geht und den Umständen ausgeliefert sind. Doch wenn du aufmerksam dafür bist, was du brauchst, damit es dir gut geht, kannst du durchaus deine Zufriedenheit beeinflussen. So betreibst du intensive Selbstfürsorge.

Da ich das jahrelang sehr vernachlässigt habe und selbst weiß, was das für Konsequenzen für unsere Gesundheit und unser Umfeld haben kann, habe ich dir hier diese Übungen zusammengestellt. Denn durch eine gute Selbstfürsorge stärkst du dich, dein Umgang mit Stress und Konflikten wird besser und du bist einfach viel mehr im Reinen mit dir selbst.

Allerdings geht es mir nicht darum, dass du nun nur noch auf dich selbst schaust. Mir geht es auch darum, dass du mit den Menschen in deinem Umfeld besser zurechtkommst. Je besser du dich und deine Bedürfnisse verstehst, desto klarer kannst du sie formulieren. Damit sorgst du für dich selbst und schaffst mehr Harmonie in deinem Leben.

Da ich ein Superheldenfan bin und mein erstes Buch „Superkräfte für Führungskräfte" heißt, habe ich mich für diesen Titel entschieden. Denn für sich selbst zu sorgen, ist wirklich eine Superkraft, die du brauchst, wenn du dir selbst und anderen helfen willst. Dabei spielt es keine Rolle, ob du Führungskraft bist oder nicht.

Weitere Bücher werden in dieser Reihe entstehen, in denen es um weitere Superkräfte geht. Allerdings werden diese ebenfalls nicht nur für Führungskräfte sein.

Im Folgenden erfährst du, was Bedürfnisse eigentlich sind und wieso sie so wichtig für uns sind. Danach gehe ich auf die verschiedenen Bedürfnisse einzeln ein.

Du kannst dich dabei an die Reihenfolge halten oder auch mit den Bedürfnissen anfangen, die für dich besonders spannend sind.

P.S.: Ich möchte dich mit diesem Ratgeber bestmöglich unterstützen. Daher freue ich mich über deine Fragen, Anregungen und Kritik und kann diese zum Beispiel in der nächsten Auflage berücksichtigen.

Auch freue ich mich sehr, wenn du mir, zum Beispiel bei Amazon, ein Feedback zu diesem Buch schreibst. So hilfst du mir dabei, noch viel mehr Menschen mit diesem so wichtigen Thema der Selbstfürsorge zu erreichen.

Ich danke dir schon jetzt und wünsche dir viel Spaß beim Lesen und ganz viel Erfolg in der Umsetzung!

Susanne Lorenz, März 2023

Kommunikationstrainerin, Business Coach und Autorin

www.wirksam-kommunizieren.de

# 1. Steigere deine Zufriedenheit, indem du auf deine Bedürfnisse achtest

Wenn du auf deine Bedürfnisse achtest und ihnen nachgehst, steigert das erheblich deine Zufriedenheit und deine Lebensqualität, nicht nur am Arbeitsplatz.

Je zufriedener du bist, desto ausgeglichener bist du und damit weniger gestresst. Das wiederum hilft dir dabei, bei Meinungsverschiedenheiten und Streitereien entspannter zu bleiben und souverän zu reagieren. Deswegen ist es so wichtig, dass du immer wieder darauf achtest, was du gerade brauchst. Dann bist du wirklich ein Superheld, der gut helfen kann!

Die folgenden Tipps helfen dir dabei, besser auf deine eigenen Bedürfnisse zu schauen und dich selbst darum zu kümmern, dass deine Lebensqualität Tag für Tag steigt!

Oft haben wir gar nicht auf dem Schirm, was uns genau stört. Meistens sind es unsere unerfüllten Bedürfnisse, die uns stressen ;).

Lass uns daher jetzt erst mal schauen, was Bedürfnisse eigentlich sind.

## 1.1 Was sind Bedürfnisse?

Bedürfnisse sind elementar für unser Überleben, unser Zusammenleben und unsere Zufriedenheit. Bedürfnisse sind allgemeingültig und unabhängig von Ort, Zeit, Raum oder Personen. Jeder Mensch hat die gleichen Bedürfnisse, wenn auch nicht zur gleichen Zeit oder in derselben Intensität.

Bedürfnisse stehen in engem Zusammenhang mit unseren Gefühlen. Wenn unsere Bedürfnisse erfüllt sind, geht es uns gut. Sind unsere Bedürfnisse nicht erfüllt, fühlen wir uns schlecht.

Beispiele machen es klarer: Fehlt es dir an Unterstützung, bist du zum Beispiel frustriert oder auch sauer. Ist dein Bedürfnis nach Klarheit nicht erfüllt, fühlst du dich unsicher. Jedoch kann nicht jedem Bedürfnis direkt ein Gefühl zugeordnet werden.

Oft melden sich mehrere Bedürfnisse gleichzeitig, die unterschiedlich stark ausgeprägt dringlich und wichtig sein können.

Deswegen kannst du gleichzeitig zufrieden sein, weil zum Beispiel dein Bedürfnis nach Zuverlässigkeit erfüllt ist, und frustriert, weil dir Entspannung fehlt.

Es gibt ganz viele verschiedene Bedürfnisse. Damit wir uns orientieren können, sind sie bestimmten Kategorien zugeordnet, wie zum Beispiel bei der Bedürfnispyramide von Maslow.

## 1.2 Bedürfnispyramide von Maslow

Schauen wir uns also dazu mal die Bedürfnispyramide von Maslow an. Der US-amerikanische Psychologe Abraham Maslow (1908-1970) hat sie entwickelt, um die menschlichen Bedürfnisse und Motivationen hierarchisch darzustellen.

Mit der Form und den fünf Ebenen der Pyramide werden die unterschiedlichen Prioritäten verdeutlicht. Nahrung als essenzielles Bedürfnis ist somit wichtiger als Selbstverwirklichung.

Maslow unterscheidet folgende Bedürfnisse und Motivationen (mit Ergänzungen zum Arbeitskontext von Olfert, siehe Literaturliste):

## Grundbedürfnisse:

Grundbedürfnisse zum Überleben, wie Essen, Trinken, Schlafen, Arbeitsplatzgestaltung

## Sicherheitsbedürfnisse:

Geborgenheit, Gesundheit, Orientierung, Arbeitsplatzsicherheit, Mindesteinkommen

**Soziale Bedürfnisse:**

Freundschaft, Gruppenzugehörigkeit, Kommunikation

**Individualbedürfnisse:**

Selbstvertrauen, Respekt, Anerkennung, Erfolg, Entwicklung

**Selbstverwirklichung:**

(werden erst wichtig, sobald untere Bedürfnisse gedeckt sind), Unabhängigkeit, anspruchsvolle Beschäftigung, Karriere, Mitbestimmung, kooperative Führung

Die Selbstverwirklichung ist ein Wachstumsbedürfnis, während es sich bei den unteren Stufen der Pyramide um Defizitbedürfnisse handelt. Letztere sind durch Folgendes gekennzeichnet:

*„Die Befriedigung der niedrigeren Defizitbedürfnisse hat eine höhere Priorität als die Befriedigung höher angeordneter Defizit- und Wachstumsbedürfnisse. Eine teilweise Nichterfüllung von Defizit-*

*bedürfnissen kann Krankheiten körperlicher und /
oder seelischer Art hervorrufen.*

*Mit der vollen Befriedigung eines Defizitbedürfnis-
ses wird es verhaltensunwirksam, d. h. dass dieses
Bedürfnis nicht mehr bedeutsam ist."*

Klaus Olfert: Personalwirtschaft, Ludwigshafen,
2008, S. 33.

## 1.3 Bedürfnisse und ihre Erfüllung

Bedürfnisse können unterschiedlich erfüllt werden. Das kann durch den Menschen erfolgen, mit dem du gerade ein Problem hast, durch dich selbst oder eine unbeteiligte Person. Das ist elementar! Es gibt also nicht nur eine Person, die dein Bedürfnis erfüllen kann, damit du dich wieder gut fühlst!

So kann es dir um Zuverlässigkeit und Unterstützung gehen, wenn du möchtest, dass deine Kollegin auch mal früher kommt und abarbeitet, was sie am Tag zuvor liegen gelassen hat.

Ist es so, dass der andere verpflichtet ist, unsere Bedürfnisse zu erfüllen? Gibt es nicht auch unterschiedliche Möglichkeiten dazu? Unterstützung könntest du dir vielleicht auch bei einer anderen Person suchen. Vielleicht musst du dich einfach öfter selbst unterstützen.

Du hast den Schlüssel zum Glücklichsein selbst in der Hand, wenn du dir bewusst bist, wie du deine Bedürfnisse erfüllst. Das ist auf jeden Fall eine tolle Superkraft!

# 1.4 Übersicht über Bedürfnisse

(Kein Anspruch auf Vollständigkeit)

| | |
|---|---|
| Achtsamkeit | Liebe |
| Akzeptanz | Offenheit |
| Anerkennung | Ordnung |
| Ehrlichkeit | Respekt |
| Entspannung | Selbstbestimmung |
| Flexibilität | Sicherheit |
| Freiheit | Toleranz |
| Freundschaft | Unterstützung |
| Geborgenheit | Verantwortung |
| Gemeinschaft | Verlässlichkeit |
| Harmonie | Vertrauen |
| Klarheit | Wertschätzung |
| Leichtigkeit | Zugehörigkeit |

# 2. Bedürfnisimpulse

Im Folgenden gehe ich auf 24 sehr wichtige Bedürfnisse zum Thema Selbstfürsorge einzeln ein.

Natürlich gibt es noch mehr, ich habe diese ausgewählt, weil sie aus meiner Erfahrung besonders wichtig sind. Dabei gebe ich dir einen Überblick über das jeweilige Bedürfnis und mit welchen anderen Bedürfnissen es zusammengehört oder sich beißen kann.

Zu jedem Bedürfnis gebe ich dir einen Impuls mit einer oder mehreren Aufgaben zur Auswahl. Dabei beziehen sich die Übungen überwiegend auf den Arbeitskontext. So hast du die Möglichkeit, durch diese Superkraft, Schritt für Schritt zufriedener mit dir und deinem (Arbeits-) Leben zu sein.

**Was bringen dir die Bedürfnis-Impulse?**

- mehr Klarheit über deine Bedürfnisse

- ein zufriedeneres Leben

- mehr Selbstbewusstsein

- weniger Stress

# 2.1 Bedürfnisimpuls Abwechslung

Je nach Persönlichkeitstyp ist das Bedürfnis der Abwechslung stark oder weniger stark ausgeprägt.

Sie kann unser Leben bereichern oder uns Angst machen, wenn wir den Eindruck haben, dass sie unser Bedürfnis nach Sicherheit gefährdet.

## Was ist Abwechslung eigentlich?

Abwechslung, Vielfalt, Kreativität und Abenteuer gehören eng zueinander. Letztlich geht es darum, nicht immer das Gleiche auf die gleiche Art und Weise zu machen.

Das Bedürfnis nach Abwechslung kann sich auf alles Mögliche beziehen. Das können verschiedene Tätigkeiten sein, deswegen suchen wir uns einen Beruf mit wenig Routine.

Das können unterschiedliche Menschen sein, deswegen suchen wir uns eine Tätigkeit, bei der wir immer andere Leute um uns haben. Wie beispielsweise ich als Trainerin ;).

Das heißt nicht, dass wir in allen Bereichen dieses Bedürfnis haben.

Schließlich gibt es genügend Leute, die gern unterschiedliche Länder bereisen und trotzdem jahrelang in der gleichen Beziehung bleiben.

Das zieht sich also nicht unbedingt durch alle Bereiche deines Lebens.

## Übung

Wo hat sich bei dir Routine eingeschlichen? Was machst du schon seit einer Weile immer gleich?

Mache es heute mal anders!

- Gehst du immer mit den gleichen Kollegen in die Pause?

- Oder nimmst du immer eine bestimmte Strecke zur Arbeit?

- Stellst du neuen Kollegen stets die gleichen Fragen, um sie besser kennenzulernen?

- Arbeitest du immer in der gleichen Reihenfolge Dinge ab?

# 2.2 Bedürfnisimpuls Achtsamkeit

Achtsamkeit ist für viele ein Trend. Doch in unserer so hektischen Zeit, finde ich es sehr sinnvoll, achtsam zu sein. Denn das ist auch eine schöne Superkraft: Sie lässt dich bewusst wahrnehmen und weniger bewerten.

Dabei kannst du sie auf ganz viele verschiedene Dinge beziehen wie z. B. auf achtsames Essen, in den Morgen starten, den Tag beenden, schlafen, atmen, Sport machen.

## Was ist Achtsamkeit eigentlich?

Achtsam sein heißt wahrzunehmen, was da ist, in dem Moment, ohne das zu bewerten.

Es geht also um einen bestimmten Fokus auf eine Sache, ohne sich ablenken zu lassen. Und wenn du beispielsweise bei der Meditation doch an etwas denkst, dann nimmst du das wahr, ohne dich dafür zu kasteien.

Achtsamkeit kannst du auch wunderbar auf deine Art zu denken beziehen. Schließlich haben wir unheimlich viele Gedanken den ganzen Tag über und die sind nicht immer positiv. Oft machen wir uns das Leben unnötig schwer durch das, was wir so über andere und über uns denken.

Wie gehst du zum Beispiel damit um, wenn du aus deiner Sicht etwas falsch gemacht hast? In dieser Situation hast du verschiedene Optionen.

Schauen wir uns das mal genauer an:

Egal, was du machst und was du erlebst, du hast dazu verschiedene Stimmen in deinem Kopf. Diese Stimmen bewerten das Ganze und stehen für verschiedene Anteile deiner Persönlichkeit, die immer mindestens ein ganz bestimmtes Bedürfnis erfüllen wollen.

Das kennst du vielleicht auch schon von Schulz von Thun mit dem inneren Team (ist auch bei den Literaturtipps).

Hier geht es um verschiedene Anteile in uns, denen wir Namen geben können, damit wir sie besser verstehen, mit ihnen wie mit Personen reden und mit ihnen umgehen können. Ich gebe ihnen hier exemplarische Namen.

Zum Beispiel gibt es da den inneren Kritiker. Du kannst dich ärgern, im Sinne von „Was sollen die über mich anderen sagen?".

Hier geht es zum Beispiel um Qualität und Anerkennung, die dir fehlen, wenn andere merken, dass
du einen Fehler gemacht hast.

In deinem inneren Team gibt es meist auch noch
die Entspannte, die sagt, dass das gar nicht so
schlimm ist. Fehler machen gehört doch zum Leben
dazu!

Vielleicht hast du auch noch mehr Stimmen, wie die
Fürsorgliche. „Oh man, du hast ja auch so viel
gemacht, du hast dich zu wenig entspannt, nimm
dir wieder mehr Zeit für dich und deine Selbstfürsorge. Ist ja kein Wunder, dass dir da Fehler passieren!"

Neben der Fürsorge steckt hier auch Schutz dahin-
ter als Bedürfnis.

## Übungen

Wo wünschst du dir mehr Achtsamkeit für dich?

- Beim Start in den Arbeitstag?

- Beim Pause machen?

- Beim Umgang mit deinen Fehlern?

Egal, was du dir aussuchst: Welche Stimmen hörst du in dem jeweiligen Moment und welche Bedürfnisse stecken hinter den einzelnen Stimmen?

Schreibe dir das gern auf. So wirst du achtsamer und du bekommst zusätzlich noch mehr Klarheit.

Hier kommst du zum PDF mit dem Übungsblatt.

## Mein Buchtipp für dich

Friedemann Schulz von Thun, Miteinander reden. Band 2

## 2.3 Bedürfnisimpuls Anerkennung

Anerkennung holen wir uns meistens von außen. Das kann gefährlich sein, wenn wir uns dadurch definieren, denn das macht uns abhängig von anderen.

Das gilt allerdings auch für andere Bedürfnisse...

Um Anerkennung geht es auch ganz oft in den sozialen Medien. Wie viele Likes und Kommentare bekommen wir? Oft vergleichen wir uns dann auch noch mit den anderen und das macht es nicht leichter, wenn sie „besser" sind als wir.

**Was ist Anerkennung eigentlich?**

Oft wird sie mit Wertschätzung verwechselt. Das liegt daran, dass sie verwandt sind.

Wir schätzen wert, WIE andere sind, also ihre PERSÖNLICHKEIT: hilfsbereit, ehrlich, humorvoll und so weiter.

Anerkennung dreht sich um die LEISTUNG. Also können wir wertschätzen, dass jemand fleißig ist. Dieser Fleiß führt zu einem Ergebnis, zum Beispiel, dass jemand besonders gute Leistungen erbracht hat. Für diese Leistungen geben wir Anerkennung.

Idealerweise geben wir uns auch selbst Anerkennung. Denn wir könnten uns auch selbst sagen,
wie toll es doch ist, dass wir gut verkauft/ bera-
ten/unterstützt etc. haben.

## VORSICHT!

Wir sollten nie nur auf unsere Leistung schauen.
Dein Selbstwertgefühl solltest du darauf nicht auf-
bauen, denn das reicht definitiv nicht aus.

Was machst du sonst, wenn du mal keine Arbeit
mehr hast oder auch in Rente gehst? Doch es kann
dir helfen, Selbstbewusstsein zu entwickeln, wenn
du dir anschaust, was du gut kannst.

Gib dir also regelmäßig selbst Anerkennung und
freue dich über deine Leistungen.

## Übungen zur Auswahl

1. Mache dir heute eine Liste, was du schon alles erreicht hast im Leben! Einiges kannst du dir aus deinem Lebenslauf abschreiben:


Führerschein, Abitur, Ausbildung, Studium, Fortbildungen


Denk auch an andere Dinge, die du besser als früher meisterst: wie zum Beispiel Nein sagen, Kritik annehmen oder ähnliches.


Mutter/Vater sein ist eine Leistung, schließlich ist das auch wie ein Beruf!


2. Stelle dich zusätzlich gern vor den Spiegel, klopfe dir auf die Schulter und sage "Ich bin stolz auf mich!". Genieße also die Anerkennung, die du dir heute selbst gibst!

## 2.4 Bedürfnisimpuls Austausch

Meetings, Mitarbeitergespräche und Firmenfeiern dienen dem Austausch von Informationen und der Beziehungspflege.

Menschen wollen wissen, wo sie stehen und brauchen Klarheit. Dazu nutzen sie Gespräche. Man kann sich natürlich auch über Mails, Videokonferenzen oder Telefon austauschen.

### Was ist Austausch eigentlich?

Austausch, Kommunikation, Verständnis, Nähe, Vertrauen, Höflichkeit und Respekt gehören zusammmen, bedingen sich gegenseitig.

Es geht um mindestens zwei Menschen, die miteinander Informationen, Ansichten, Eindrücke oder ähnliches austauschen. Oder auch Telefonnummern ;).

Das kann dem Bedürfnis Sicherheit dienen, wenn man sich zum Beispiel nicht sicher ist, ob man mit seinem Wissen richtig liegt. Mit Nähe hat es etwas zu tun, wenn man sich zum Beispiel über Gefühle und Bedürfnisse unterhält.

Voraussetzung für letzteres sind Vertrauen und Nähe. Fehlen diese, wird eine Unterhaltung eher oberflächlich und sachlich sein.

Oft wünschen wir uns in diesem Zusammenhang auch Ehrlichkeit und Toleranz gegenüber anderen Meinungen. Ist das nicht der Fall, werden wir zu dieser Person weniger gehen, als das vorher der Fall war.

Die Frage ist also auch, welchem Zweck der Austausch dient. Wenn man sich seine Ziele vorher klar macht, hat man eine bessere Ausgangssituation.

Fehlen Höflichkeitsfloskeln wie „Bitte", „Danke", „Guten Morgen" oder auch „Auf Wiedersehen", fällt das negativ auf. Sind sie vorhanden, wird es als selbstverständlich betrachtet. Deswegen sieht man im Austausch auch, wie höflich und respektvoll Menschen sind.

- Lassen sie uns ausreden?
- Beenden sie unsere Sätze?
- Entschuldigen sie sich, wenn sie uns unterbrechen?
- Werden sie gar beleidigend?

## Übung

Mit wem könntest du heute ein Gespräch führen, das du vielleicht auch schon länger vor dir herschiebst?

Überlege dir im Vorfeld dein Ziel:

Geht es um sachlichen Austausch, willst du jemanden überzeugen, etwas zu tun, oder mal wieder die Beziehung pflegen?

Achte dabei darauf, den anderen ausreden zu lassen oder aktiv zuzuhören oder dich zu bedanken. Je nach-dem, was dir schwerfällt ;).

## Mein Buchtipp für dich

Friedemann Schulz von Thun, Miteinander reden 1

## 2.5 Bedürfnisimpuls Authentizität

Bist du immer authentisch, also du selbst? Oder verbiegst du dich oft für andere?

Ich weiß, es ist ein Modewort, doch echt wichtig. Das merke ich auch bei mir selbst. Je mehr ich ich selbst bin, desto mehr macht mir meine Arbeit Spaß.

So achte ich nicht mehr so darauf, ob ich im Training auch mal das Wort „Scheiße" sage. Das hätte ich früher nicht gemacht, das fand ich total unangemessen, bzw. dachte ich, dass andere das so sehen. Doch ich fühle mich viel wohler, wenn ich auf meine Wortwahl nicht so sehr achten muss. Deswegen gehört es für mich definitiv zur Selbstfürsorge und ist eine absolute Superkraft!

Dazu bekam ich neulich auch ein Kompliment von einem Kunden, der mich schon seit längerer Zeit im Training erlebt. „Du bist viel authentischer und wirkst viel entspannter!" Danke, so nehme ich das auch wahr.

## Was ist Authentizität eigentlich?

Authentisch sein, heißt echt sein, man selbst sein. Das bezieht sich auf dein Denken und Fühlen genauso wie auf deine Taten.

Natürlich hast du verschiedene Facetten in deiner Persönlichkeit. Deswegen heißt es nicht unbedingt, dass du nicht authentisch bist, wenn du am Arbeitsplatz anders bist als privat.

Als Mensch hast du schließlich immer auch verschiedene Rollen, die alle zu dir gehören: Elternteil, Bruder oder Schwester, Tochter oder Sohn, Mitarbeiter, vielleicht auch Führungskraft, best buddy, dann machst du vielleicht noch etwas ehrenamtlich.

Doch denke an mein Beispiel oben: Klar, ich kann auch siezen, mich förmlich verhalten, doch das entspricht NICHT meinem Naturell. Also suche ich mir eher Kunden, wo das okay ist, wenn ich duze und auch mal flapsig rede. Wenn ich mich für einen Kunden „kostümieren" müsste, würde das mein Wohlgefühl einschränken.

So kann es auch sein, dass du einen Beruf hast, in dem du viel Kontakt zu anderen hast. Du spielst eher eine „Rolle", als du selbst zu sein. Denn ginge es nach dir, hättest du lieber weniger Menschen um dich herum und wärst weniger Entertainer. Das ist jetzt nur ein Beispiel, da ich das neulich im Coaching hatte.

## Wann sind wir nicht authentisch?

Oft sind wir nicht „echt", wenn wir denken, dass das nicht angemessen ist (siehe mein Beispiel). Das hat also etwas damit zu tun, ob wir uns selbst „okay" finden und nicht anders als die anderen sein wollen. Schaue dir auch gern das Buch von Thomas A. Harris „Ich bin o. k. – Du bist o. k." an. Du findest es in der Liste am Ende des Buches.

Hier taucht also das Bedürfnis nach Sicherheit auf, dass dazu führt, dass wir nicht authentisch sind. Fehlende Selbstliebe kann uns das auch erschweren. Dazu aber mehr beim Bedürfnis Liebe.

## Übung

In welchem Bereich bist du nicht du selbst? Wo legst du dir Grenzen auf, vielleicht auch aus Angst, wie andere dich dann sehen?

- Kleidung
- Sprache
- Umgang mit Menschen

Nimm dir für heute vor, das mal zu ändern - so bekommst du ein Gefühl dafür, wie es sich anfühlt, authentisch zu sein.

Das kannst du auch erstmal bei einem Menschen testen oder nur für 10 Minuten. Nimm dir ein Ziel, das für dich realistisch ist.

## Mein Buchtipp für dich

Thomas A. Harris, Ich bin o. k. – Du bist o. k.

## 2.6 Bedürfnisimpuls Dankbarkeit

Dankbarkeit ist eine Möglichkeit, sich in gute Stimmung zu versetzen und den Fokus neu auszurichten. Oft ärgern wir uns und vergessen, was uns alles im Leben geschenkt wird.

Dankbarkeit steigert unsere Zufriedenheit.

Das wurde auch in verschiedenen Studien herausgefunden. Ist auch logisch, oder? Fokussieren wir uns nur auf das, was wir nicht haben, frustriert uns das eher.

Oft ist das der Fall, wenn wir uns mit anderen vergleichen oder auch in den sozialen Medien sehen, wie Dinge angeblich sein sollen (siehe Bedürfnis Anerkennung).

### Was ist Dankbarkeit eigentlich?

Dankbarkeit muss nicht unbedingt verbal ausgedrückt werden. Dass du dankbar bist, kannst du auch über Blickkontakt, eine Umarmung oder eine Geste zeigen.

Ein „Danke" oder auch „Dankeschön" oder „Vielen lieben Dank" hört jeder gern, allerdings müssen wir auch den Eindruck haben, dass das ernst gemeint ist.

Danke zu sagen hat ansonsten auch etwas mit den so wichtigen Bedürfnissen Höflichkeit und Respekt zu tun. Zugleich zeigen wir anderen damit auch unsere Anerkennung und Wertschätzung.

## Übungen zur Auswahl

Die Übung kannst du natürlich jederzeit machen. Sie eignet sich auch besonders dann, wenn es dir nicht so gut geht, um dich in bessere Stimmung zu versetzen.

1. Für was bist du dankbar?

Ich gehe jeden Abend vor dem Schlafengehen den Tag durch und sammle 10 Dinge, für die ich dankbar bin. So schlafe ich mit positiven Gedanken ein.

Diese Übung kannst du auch morgens machen, für einen guten Start in den Tag.

2. Falls du das eh regelmäßig machst, kannst du die Übung auch auf andere Menschen in deinem Umfeld anwenden.

Du könntest dir jemanden suchen, dem du sagst, wofür du dankbar bist.

## Zum Beispiel:

„Danke, dass du mich so oft unterstützt."

## Oder auch:

„Ich weiß, ich kann mich auf dich verlassen, so kann ich mich auf meine Arbeit fokussieren. Danke!

# 2.7 Bedürfnisimpuls Ehrlichkeit

Ehrlich zu sein ist nicht immer leicht. Besonders, wenn wir denken, wir könnten den anderen damit verletzten, sind Menschen oft nicht ehrlich.

Der Klassiker ist, wenn die Frau den Mann fragt, ob sie dick in dem Kleid aussieht...

Wer nach Ehrlichkeit fragt, sollte damit auch umgehen können. Klar ist, dass wir nicht immer einer Meinung sind. Wer damit nicht zurechtkommt, weil er vielleicht auch sehr harmoniebedürftig ist, wird wahrscheinlich eher schwindeln.

## Was ist Ehrlichkeit eigentlich?

Ehrlichkeit und Offenheit sind eng verwandt. Ehrlichkeit hat für mich auch etwas mit Selbstbewusstsein zu tun.

Ich muss selbstbewusst sein, um zu meiner Meinung zu stehen und anderen ehrlich zu sagen, was ich denke oder fühle.

Ehrlichkeit sorgt auch für Vertrauen. Ehrlichkeit und Vertrauen können sich aber auch gegenseitig ausschließen. Genau wie Harmonie und Ehrlichkeit.

*Wie meine ich das?*

Wenn dir jemand etwas im Vertrauen erzählt hat und dann ein anderer dazu etwas fragt, bist du entweder ehrlich oder nicht, da du das Vertrauen nicht ausnutzen willst ;).

Wie oben geschrieben, sind wir vielleicht nicht ehrlich, damit es keinen Streit gibt. Dann ist uns Harmonie wichtiger als Ehrlichkeit.

Ehrlichkeit kann auch verletzend sein, wenn der andere mit dieser Klarheit nicht umgehen kann oder, wenn man nicht weiß, wie man ehrlich und wertschätzend sein kann. Und ehrlich zu sein setzt auch voraus, dass die Person keine Angst hat.

In einem Unternehmen, in dem ich neulich war, hieß es, Ehrlichkeit wird bestraft. Also sind die Mitarbeitenden nun nicht mehr ehrlich. Die Vergangenheit hat ihnen gezeigt, dass einige deswegen gehen mussten...

## Übungen zur Auswahl

1. Von wem wünschst du dir mehr Ehrlichkeit? Frag heute nach, wann die Person Zeit hat für ein Treffen.

2. Reflektiere:

- Zu wem solltest du ehrlich sein?
- Welche Themen solltest du mal ansprechen?
- Welche Zusammenarbeit fühlt sich beispielsweise nicht mehr gut an?

Schaue, wann es passt, dass ihr euch zusammensetzt.

## P.S.:

Wonder Woman hat ein Lasso der Wahrheit. Menschen, die damit in Berührung kommen, müssen die Wahrheit sagen. Praktisch, oder?

## 2.8 Bedürfnisimpuls Entspannung

Entspannung! Wann hast du dir das letzte Mal Zeit dafür genommen? Heutzutage ist es scheinbar cool, wenn man busy und ständig unterwegs ist.

Zu sagen, dass man mal nichts gemacht hat, fällt vielen schwer. Dabei ist es so wichtig, dass wir auch mal die Seele baumeln lassen und loslassen.

Mir selbst fällt das allerdings auch nicht wirklich leicht. Ich bin dabei, mehr darauf zu achten, mir nicht zu viele Trainings oder Coachings in eine Woche zu legen.

Da habe ich vor Kurzem wirklich übertrieben. Dafür kam dann auch die Rechnung: Ein Fersensporn, der mir sagte, schalte mal einen Gang runter, das eben auch körperlich... Es ist schon blöd, wenn es erst so weit kommen muss.

Achtsamkeit hilft hier ganz ungemein. Die körperlichen Signale helfen dir, zu verstehen, was du gerade brauchst. Ich bin zu oft darüber hinweggegangen und dachte, "Ach, das geht noch!".

## Was ist Entspannung eigentlich?

Entspannung, Muße, Bequemlichkeit, Ruhe und Gelassenheit gehören als Bedürfnisse eng zusammen.

Körperlich gesehen, haben wir immer wieder Anspannung und Entspannung. Entspannung ist der Abbau von physischen oder psychischen Anspannungen.

Anspannung entsteht besonders dann, wenn wir im Stress sind. Das hat auch biologische Gründe.

Damals, als Neandertaler, haben wir im Stress gekämpft oder sind weggerannt. Dafür brauchten wir Muskelspannung, deswegen spannen sich unsere Muskeln auch heutzutage bei Stress an.

Nur, dass wir heute diesen Stress meistens nicht über Kampf oder Flucht körperlich abbauen. Deswegen ist es besonders wichtig, wenn du viel Stress hast, für entspannende Momente zu sorgen. So kannst du dann auch die Stresshormone abbauen ;).

Auch hilft es, wenn du Konflikte hast, nicht direkt zu reagieren. Nimm dir eine Auszeit und komm erstmal runter. Bist du dann entspannter, wirst du die Situation neu bewerten. Oft kannst du dadurch die Dinge neutraler ansprechen.

## Übungen zur Auswahl

Sorge heute für Entspannung! Hier ein paar Ideen für dich:

1. Lass die Arbeit auf Arbeit und nimm keine mit nach Hause!
2. Mache Entspannungsübungen wie Yoga oder meditiere!
3. Spaziere eine Runde im Grünen in deiner Pause!
4. Teste mal die Schüttelübung:

Stelle dich circa hüftbreit hin, schüttle erst die Hände, dann die Arme, nach und nach die anderen Körperteile, gern auch den Kopf. Eine Minute reicht da schon und du kannst so die Anspannung im Körper „abschütteln" ;). Wenn du magst, bleibst du danach noch eine Minute stehen und nimmst wahr, wie du dich nun fühlst. Das kannst du sogar auf der Firmentoilette machen...

## Mein Buchtipp für dich

Michael Hilgert, Wege aus der Stressfalle

## 2.9 Bedürfnisimpuls Freiheit

Den Drang nach Freiheit haben wir alle. Das ist wahrscheinlich auch ein Grund, warum sich so viele Menschen wünschen, fliegen zu können...

Zumindest ist das, laut dem Film „Shazam", einer von den zwei häufigsten Wünsche in Bezug auf Superheldenfähigkeiten...

Doch in welchem Bereich uns Freiheit wichtig ist, kann sich sehr unterscheiden. Das hat ganz viel damit zu tun, wie du so tickst.

Wir dürfen auch nicht vergessen, dass wir alle eingebettet sind in Regeln und Gesetze, die uns Sicherheit geben, dadurch jedoch auch unsere Freiheit einschränken.

### Was ist Freiheit eigentlich?

Freiheit gehört in die übergeordnete Kategorie der Selbstbestimmung. Bedürfnisse, die der Freiheit sehr ähnlich sind: Unabhängigkeit, Flexibilität, Autonomie, Authentizität.

Es geht darum, dass wir selbst entscheiden können, wie wir beispielsweise Dinge tun oder Sachen sagen.

Das Bedürfnis der Sicherheit steht dem Bedürfnis der Freiheit oft im Weg. Zumindest kann es schwer sein, beides miteinander zu vereinen. So wirst du dich wahrscheinlich nicht selbständig machen, wenn du ein sehr stark ausgeprägtes Sicherheitsbedürfnis hast. Außer du hast schon einen großen finanziellen Puffer...

Durch meine Selbständigkeit habe ich ganz viel Freiheit, dafür habe ich weniger Sicherheit, als wenn ich angestellt wäre. Ich nehme das in Kauf, da Freiheit eines meiner wichtigsten Bedürfnisse ist.

Auch wenn du in einem Bereich den Eindruck hast, du musst viel und darfst nichts, macht es Sinn zu schauen, was du in diesem oder auch in anderen Bereichen entscheiden kannst. Also: Wo hast du Freiheit, die dir gar nicht so bewusst ist?

Mach dir die Komplexität unseres Lebens bewusst, wenn immer du dich in einem bestimmten Thema zu sehr eingeschränkt fühlst.

## Übungen zur Auswahl

1. Mach dir eine Liste, in der du dir notierst, wo du überall Freiheit hast. Schreibe so viele Dinge wie möglich auf.

Das können auch einfache Sachen sein, wie Auswahl der Kleidung, wann oder was du isst, in welcher Reihenfolge du Aufgaben erledigst oder ähnliches. Schaue dir diese Auflistung immer an, wenn du denkst, du bist eingeschränkt. Mache dir dann bewusst, wie viel du entscheiden kannst.


2. Zusätzlich oder alternativ kannst du schauen, wo du dich eingeschränkt fühlst.

Schaue dir das Thema genauer an. Was für Möglichkeiten hast du, das zu ändern? Mit wem solltest du darüber reden; wer könnte Tipps für dich haben?


Hier kommst du zum PDF mit der Liste und dem Übungsblatt.

## 2.10 Bedürfnisimpuls Gerechtigkeit

Wie stark dein Bedürfnis nach Gerechtigkeit ausgeprägt ist, hängt auch von deinem Persönlichkeitstyp ab.

Manch einer kann darüber hinwegsehen, wenn beispielsweise nicht alle bei gleicher Qualifikation gleich bezahlt werden. Andere gehen dann auf die Barrikaden und setzen sich sogar für Kollegen ein, auch wenn sie selbst nicht ungerecht bezahlt werden.

### Was ist Gerechtigkeit eigentlich?

Gerechtigkeit, Gleichwertigkeit und Gleichbehandlung liegen sehr nah beieinander. Es geht darum, dass alle Menschen auf die gleiche Art behandelt werden.

„Macht Person A Handlung B, folgt C" sollte dementsprechend für alle gelten. So stört es uns, wenn einer einen Fehler macht und im Anschluss kein Mitarbeitergespräch hat, während es sonst immer der Fall ist. Es stößt auch negativ auf, wenn einzelne bevorzugt behandelt werden, weil sie zum Beispiel enge Freunde vom Chef sind.

Allerdings kann das zum Beispiel für Führungskräfte echt schwer sein. Denn nicht alle Menschen sind gleich und manche brauchen mehr Zuwendung oder Struktur oder ähnliches als andere. Das Bedürfnis nach Gerechtigkeit lässt sich also zum Teil schwer mit dem Bedürfnis Individualität vereinen ;).


## Übung zur Reflexion

- Wie gerecht bist du eigentlich?

- Behandelst du alle gleich?

- Hast du Lieblingskollegen oder -kunden?

Reflektiere, wen du in letzter Zeit anders behandelt hast als sonst. Überlege dir auch, wie du das ausgleichen kannst. Bringst du immer nur einer Person Kaffee mit, könntest du das heute für eine andere Person tun...


**P.S.:** Das ist auch das Thema der Justice League, da steckt die Gerechtigkeit schon im Namen ; ).

## 2.11 Bedürfnisimpuls Klarheit

Oft wissen wir nicht, was wir wollen und sagen eher, was wir nicht wollen. Dabei hilft die gewaltfreie Kommunikation. Zum Beispiel mit dem ersten Schritt der Beobachtung, denn hier geht es darum, konkret zu sein und die Situation zu schildern, die uns beispielsweise stört.

Fehlende Klarheit entsteht oft durch die Wortwahl. Auch Pauschalisierungen tragen dazu bei wie zum Beispiel:

„nie", „alle", „keiner", „niemand", „immer"

So weiß man nicht, wer oder was genau gemeint ist.

### Was ist Klarheit eigentlich?

Klar zu sein, hat etwas mit Verständlichkeit zu tun und auch damit, ehrlich zu sagen, wozu man steht.

Klarheit muss nicht unhöflich sein. Es geht darum, nicht um Dinge herum zu reden und ohne Weichmacher („eigentlich", „vielleicht", „eventuell") zu sprechen.

Das Bedürfnis nach Klarheit hat auch etwas mit Sicherheit zu tun. Es gibt Klarheit, wenn ich sage, was ich mag und was nicht, denn so wissen die Leute dann, woran sie sind. Hier greifen also wieder verschiedene Bedürfnisse ineinander.

Klarheit bekommst du auch, wenn du wirksame Bitten formulierst. Sag, was du möchtest, und nicht, was du nicht möchtest. So muss dein Gegenüber weniger spekulieren.

Viele Begriffe verwenden wir, ohne dass wir darüber sprechen, was sie für uns bedeuten. Oft werben Firmen auf ihrer Website mit ihren Werten.

Doch was bedeuten diese eigentlich genau? Was bedeuten sie genau für jeden einzelnen und welche Erwartungen leiten wir davon ab?

Es ist elementar für deine Klarheit, dass du weißt, was dir wichtig ist, denn unsere Werte leiten uns und können für dich ein wunderbarer Leuchtturm sein, der dich bei deinen Entscheidungen unterstützt.

## Übung für heute

Wenn du für mehr Klarheit sorgen willst, dann verschaffe dir diese, indem du dir deine 3-5 wichtigsten Werte aufschreibst.

Frage dich dazu: Was ist mir wirklich wichtig?

Im nächsten Schritt schaue, ob du sie auch tatsächlich lebst. Wenn nicht, sorge dafür, dass sich das ändert.

Hier kommst du zu einer Werteliste.

## Mein Buchtipp für dich

Susanne Lorenz, Superkräfte für Führungskräfte- gewaltfreie Kommunikation im Beruf

# 2.12 Bedürfnisimpuls Kreativität

Alle Menschen sind kreativ, auch wenn die Kreativität nicht in allen Bereichen gleich stark ausgeprägt ist. Der eine zeichnet gern, der nächste fotografiert und ein anderer wiederum kocht extravagant.

Ich liebe Kreativität und lebe mich an meinen Flipcharts und bei meiner Seminargestaltung aus.

## Was ist Kreativität eigentlich?

Kreativität ist die Kraft, etwas Neues, Originelles zu erschaffen. Abwechslung, Vielfalt, Kreativität und Abenteuer gehören eng zueinander als Bedürfnisse.

So entstehen neue Wörter durch kreative Köpfe, aber auch Gemälde, Rezepte, Kleidungsstile, Lieder... Fast überall kann man kreativ sein.

Es ist auch schön, wenn man Kindern zuschaut beim Spielen, sie kennen die „Normen" noch nicht und lassen ihrer Kreativität freien Lauf.

Kreativität entsteht ebenfalls, wenn man Dinge aus unterschiedlichen Bereichen miteinander neu kombiniert. So gibt es Tanzshows, die Ballett und Breakdance miteinander vereinen oder auch Auftritte, in denen klassische Musik kombiniert wird mit Rock- oder Popmusik.

Ist dein Bedürfnis nach Kreativität stark ausgeprägt und lebst du es zu selten aus, wird dich das sehr frustrieren.

Falls es am Arbeitsplatz nicht möglich ist, dich auszutoben, solltest du dir definitiv ein Hobby suchen, bei dem du kreativ sein kannst.

Das können viele verschiedene Sachen sein, wie Backen oder deine Wohnungs- oder Gartengestaltung.

Hier ein paar weitere Anregungen für dich, um kreativ zu sein.

## Übungen zur Auswahl

Wo bist du heute kreativ?

1. Zeichnest du gern? Dann zeichne doch mal abstrakte Begriffe wie Selbstwirksamkeit, Effektivität oder ähnliches.

2. Überlege: Wie kannst du zum Beispiel Arbeitsabläufe oder Aufgaben kreativer gestalten?

3. Habt ihr vielleicht Aushänge bei euch in der Firma oder ein anstehendes Firmenfest, das du mitgestalten kannst?

## Mein Buchtipps für dich

Katharina Boguslawski, Dein kreativer Avatar

Vera F. Birkenbihl, Das neue Stroh im Kopf

## 2.13 Bedürfnisimpuls Lebenserhalt

Lebenserhalt? Wir achten doch auf unser Leben, oder? Das klingt so banal. Ist es leider nicht. Denn oft vergessen wir im Stress, auf die grundlegenden Dinge zu achten.

So hatte ich neulich einen Teilnehmer, der berichtete, dass er ewig nicht im Urlaub war und auch während der Arbeit keine Pausen macht. Da fehlten also die Nahrung und die Erholung, die wir definitiv brauchen, damit es uns gut geht.

Klar, davon stirbt man nicht und trotzdem tust du dir damit keinen Gefallen. Wenn du dich mehr um dich selbst sorgen willst, solltest du bei den grundsätzlichen Dingen, also bei den Grundbedürfnissen, starten.

### Was ist Lebenserhalt eigentlich?

Ich orientiere mich hier einerseits an den Grundbedürfnissen nach Maslow und andererseits an den Kategorien von Manfred Max Neef.

Für unsere körperliche Gesundheit brauchen wir diverse Dinge wie Nahrung, Wärme, Schlaf, Geborgenheit, menschliche Nähe und Sexualität.

Sport gehört auch dazu, denn der Mensch braucht Bewegung. Doch die haben wir heute oft nicht ausreichend.

Bei der Nahrung finde ich es spannend, wenn du mal schaust, was du so isst.

Gerade im Stress greifen wir meistens zu Fast Food und achten dabei nicht auf die Inhaltsstoffe. Aus gesundheitlichen Gründen habe ich zum Beispiel meinen Zuckerkonsum sehr reduziert.

Wusstest du zum Beispiel, dass in fast allen Brot- und Fleischsorten Zucker enthalten ist? Und dass ganz oft „zuckerfrei" auf Produkten steht und dann doch bis zu vier verschiedene Zuckersorten drin sind, die nur so heißen, dass die meisten Menschen nicht wissen, dass das Zucker ist? Ich finde das extrem ärgerlich.

Wenn du dir und deiner Gesundheit etwas Gutes tun magst, macht es durchaus Sinn, dich mit dem Thema zu beschäftigen und hier achtsamer zu essen.

## Übungen zur Auswahl

Wo kannst du mehr dazu beitragen, dass es dir auch gesundheitlich besser geht?

1. Machst du genügend Pausen?

Wenn nein: Nimm dir heute etwas Zeit, um dich auszuruhen, egal, wie viel du zu tun hast! Auch wenn es nur fünf Minuten sind.

2. Isst du gesund am Arbeitsplatz?

Wenn nein: Bereite dir etwas Gesundes vor und nehme es mit zur Arbeit ;).

3. Machst du genügend Sport?

Wenn nein: Baue kleine Einheiten von fünf Minuten in den Alltag ein, in denen du ein paar Übungen machst. Oder steige mal früher aus dem Auto oder der Bahn aus und laufe ein Stück zu Fuß. Das mache ich regelmäßig.

## 2.14 Bedürfnisimpuls Leichtigkeit

Wenn du es allen Recht machen willst und viel zu viele Aufgaben hast, fehlt dir wahrscheinlich Leichtigkeit. Jedenfalls ging es mir jahrelang so.

### Was ist Leichtigkeit eigentlich?

Leichtigkeit könntest du auch als Mühelosigkeit bezeichnen. Du brauchst weniger Energie, um Dinge zu tun, sie gehen dir ohne viel Aufwand von der Hand.

Sie kann sich aber auch darauf beziehen, dass du dich unbekümmert fühlst, zum Beispiel, weil du im Flow bist.

Leichtigkeit hat auch Ähnlichkeit mit Einfachheit. Zu viel Kontrolle oder Struktur können deine Leichtigkeit einschränken. Es kann aber auch sein, dass dir Struktur Leichtigkeit gibt, je nachdem, was für ein Typ du so bist.

Oft fehlt uns die Leichtigkeit, weil wir zu hohe Erwartungen an uns haben und unser Perfektionismus uns stresst.

Du willst keine Fehler machen, kontrollierst alles immer wieder und wieder und brauchst zu viel Zeit. Das kann an deinem inneren Kritiker liegen, der dich ständig nervt und sagt, dass alles perfekt sein muss. Das soll dich eigentlich vor Kritik von außen schützen.

Oder es kann sein, dass du manche Aufgaben als zu stressig empfindest, weil sie so aufwändig sind und du alles auf einmal schaffen willst.

Kennst du die Salami-Technik? Damit unterteilst du größere Aufgaben.

So mache ich meine Blogartikel nie komplett am Stück fertig. Die kleineren Schritte sind überschaubarer und so habe ich mehr Leichtigkeit: erst schreiben, dann Bild raussuchen, dann kontrollieren, anschließend vertonen, dann in die Website einpflegen, zuletzt Newsletter schreiben und verschicken. Alles auf einmal ist ein riesiger Berg!

Weil dir Leichtigkeit aus verschiedenen Gründen fehlen kann, habe ich dir hier verschiedene Aufgaben zusammengestellt. Schau einfach, was am besten für dich passt.

## Übungen

1. Wann bist du zu kritisch mit dir selbst? Gehe ins Gespräch mit dieser kritischen Stimme und finde heraus, warum sie dich so kritisiert.

2. Welche Aufgabe findest du stressig? Kannst du sie in kleinere Teilschritte runterbrechen? Mache dir eine Liste dazu.

3. Hast du zu viele Aufgaben? Schaue mal, was du davon abgeben kannst. Mache dir auch hierzu eine Liste. Das kann sich sowohl auf die Arbeit beziehen als auch auf dein Privatleben.

## Mein Buchtipp für dich

Matthias Hammer, Der Feind in meinem Kopf

## 2.15 Bedürfnisimpuls Liebe

Wenn kleine Kinder keine Zuwendung bekommen, keine körperliche Nähe, dann sterben sie. Krass, oder? Sie ist also sogar wichtig für unser Überleben.

Liebe drücken wir einerseits körperlich aus, durch Küsse, Umarmungen und Sex.

Andererseits zeigen wir Zuneigung oder Liebe auch durch Worte wie „Ich hab dich lieb" oder auch „Ich liebe dich".

Du kannst sie aber auch durch Taten ausdrücken, denn es gibt auch Menschen, die Probleme damit haben, ihre Liebe in Worte zu fassen.

### Was ist Liebe eigentlich?

Woran merkt man, dass man jemanden liebt? Ich glaube, hier gibt es keine eindeutige und einfache Definition. Das fühlt sich bei jedem anders an. Jedenfalls ist Liebe wesentlich intensiver als Zuneigung.

Es gibt einen klaren Unterschied zwischen jemand mögen oder lieben. Liebe ist auch nichts Sexuelles, denn wir lieben ja auch unsere Eltern, Kinder und

Freunde. Und sie ist unendlich, du kannst ganz viele Menschen lieben.

In diesem Zusammenhang finde ich die Selbstliebe als Superkraft sehr wichtig. Liebst du dich selbst?

Wir hören und lesen immer wieder, wenn du dich selbst nicht liebst, wie soll es ein anderer tun? Ich finde das sehr bezeichnend, denn vielen Menschen fällt das schwer.

Wir leben aber auch in einer Zeit, in der wir uns mehr mit anderen vergleichen. Frauen wie Männer kritisieren ihr Aussehen und ihre Eigenschaften.

Welche Frau klopft sich auf die Schulter und ist stolz auf sich und ihren Körper oder ihre Eigenschaften?

Da gibt es bestimmt welche, ich kenne nur sehr wenige.

Warum ist das so? Jeder hat doch Stärken und Schwächen. Warum wollen wir dann perfekt sein? Das macht ja eigentlich keinen Sinn. Und lieben wir nicht auch andere Menschen, obwohl sie Schwächen haben? Warum gestehen wir sie uns nicht selbst zu?

## Übungen zur Auswahl

1. Wem könntest du heute deine Liebe zeigen? Wer hat schon lange nicht mehr von dir gehört, dass du ihn oder sie liebst? Wen könntest du umarmen oder küssen?

2. Zeigst du dir selbst, dass du dich liebst?

Tue dir selbst etwas Gutes!

- Gehe in die Wanne.
- Sage etwas Liebevolles zu dir, wenn du wieder kritische Gedanken hast.
- Schenke dir Zeit, nur für dich.

## Meine Buchtipps für dich

Kristin Neff, Selbstmitgefühl

Gary Chapmann, Die 5 Sprachen der Liebe

## 2.16 Bedürfnisimpuls Sicherheit

Wenn wir keine Sicherheit haben, fühlen wir uns unsicher oder gar ängstlich. Was das auslösen kann, ist von Mensch zu Mensch nicht immer gleich.

### Was ist Sicherheit eigentlich?

Sich sicher sein. Sicherheit ist das Bedürfnis. Sich sicher zu fühlen, ist das Gefühl. Das kann sich auf unseren Körper beziehen, zum Beispiel, dass wir keine Angst haben müssen, wenn wir in einer bestimmten Branche arbeiten.

Dieses Bedürfnis kann sich auch auf unsere Meinungen/Äußerungen beziehen. So ist es für uns am Arbeitsplatz wichtig, dass wir in einem geschützten Rahmen sprechen können. Es kann auch helfen, wenn man (mindestens) eine Vertrauensperson in der Firma hat.

Sicherheit und Schutz wollen wir auch für einzelne Gegenstände (Schließfach am Arbeitsplatz) oder für all unser Hab und Gut (Schloss an der Tür). Es kann auch um dein Vermögen gehen (Banking Pin). Seit einigen Jahren haben wir einen verstärkten Datenschutz.

Mit welchen Bedürfnissen ist Sicherheit eng verknüpft?

Mit den Bedürfnissen nach Ehrlichkeit, Offenheit, Diskretion, Vertrauen, Verbindlichkeit und auch Ordnung oder Struktur.

Für mich bedeuten unter anderem Superhelden Sicherheit. Als kleines Kind gaben Comics mir ein gutes Gefühl, wenn ich Angst hatte. Auch wenn ich natürlich wusste, dass es diese Personen nicht gibt, ließen mich die Superhelden daran glauben, dass es Menschen gibt, die Gutes tun und für unsere Sicherheit sorgen.

Superhelden stehen für mich aber auch für Kreativität, Unterstützung und Selbstverwirklichung ; ).

## Übung

1. Gibt es Bereiche, in denen du dich nicht sicher fühlst? Schaue gern auf

dein Zuhause,

deine Finanzen,

dein Arbeitsumfeld,

deine Freundschaften...

2. Was kannst du tun, damit du dich sicherer fühlst?

Gespräche führen,

eine Alarmanlage kaufen,

ein Virenschutzprogramm kaufen,

den Chef um ein Schließfach bitten?

...

Such dir etwas aus, was du heute planen oder sogar umsetzen kannst.

## 2.17 Bedürfnisimpuls Spaß

Ich will Spaß, ich will Spaß!

Spaß ist der Gegenpol zur Ernsthaftigkeit. Beides brauchen wir im Leben, genauso wie Anspannung und Entspannung.

Neulich hatte ich eine Unterhaltung, in der sich die Dame als langweilig empfand, weil sie nicht über alle Witze lachen kann. Als langweilig empfinde ich das gar nicht, denn jeder hat ja einen anderen Humor und nicht allen Leuten machen die gleichen Dinge Spaß.

Mir wird zum Beispiel schwindlig und übel, wenn ich auf einem Jahrmarkt Achterbahn fahren würde. Ich war mal mit einer Freundin im Disneyland Paris und bin ihr zuliebe bei etwas mitgefahren. Für sie war das total spaßig, für mich echt schrecklich. Die restlichen Angebote hat sie allein genutzt.

Mir macht es eher Spaß, auf die Comic Con zu gehen und mich zu verkleiden und mir die anderen coolen Kostüme anzuschauen.

## Was ist Spaß eigentlich?

Spaß gehört in die gleiche Kategorie wie Spiel, Freude, Humor, Lebendigkeit. Allen ist das Thema Leichtigkeit gemein.

Hier kommt unser ausgelassenes inneres Kind zur Geltung, es will sich freuen, hüpfen, singen, lachen. Lockersein und nicht alles so ernst nehmen. Dieses innere Kind hat jeder von uns, als Erwachsener unterdrücken wir es jedoch oft. Das passiert besonders dann, wenn wir denken, es ist nicht angemessen.

## Übungen

Was macht dir Spaß und hast du schon eine Weile nicht mehr gemacht?

Ich habe wieder angefangen zu tanzen und habe gemerkt, dass das auch als Sportersatz geht, auf den ich keine Lust mehr hatte.

Hier kommen ein paar Ideen aus dem Buch „Das Sonnenkind-Prinzip" von Julia Tomuschat:

## 1. Lachen

Warte nicht auf eine Gelegenheit zum Lachen, sondern fange einfach so mal an mit „hihihi", „hohoho" und dann ergibt sich der Rest. Teste das gern zusammen mit jemandem aus deinem Team in der Pause. Es gibt auch Lach-Yoga für Teams.

## 2. Hüpfen

Hüpfe mal öfter durch die Gegend. Das kannst du ja auch bei dir zu Hause machen, wo dich keiner sieht.

## 3. Vorfreude

Julias Tipp ist, eine „Bestellung ans Universum" aufzugeben. Was heißt das? Wünsche dir vom Universum, dass es sich in den nächsten 48 Stunden etwas Gutes für dich einfallen lässt und dich beschenkt.

Schreibe das am besten auch auf. Dabei lässt du dich überraschen und wünschst dir nichts Konkretes.

## 2.18 Bedürfnisimpuls Struktur

Das Bedürfnis nach Struktur ist nicht bei jedem gleich stark ausgeprägt und muss sich nicht im ganzen Leben niederschlagen.

In manchen Bereichen bin ich echt ordentlich und gut strukturiert, in anderen gar nicht. So habe ich eine DVD-Sammlung, die alphabetisch sortiert ist. Dafür müsste ich mal in meinen Küchenschränken System reinbringen...

### Was ist Struktur eigentlich?

Ordnung und Struktur sind eng verwandt. Beides kann auch für Sicherheit oder Harmonie stehen, je nach Fokus des Menschen.

Zum einen geht es um den Aufbau von Schreibtischen, Ordnern auf Computer und Büros allgemein.

Doch Strukturen beziehen sich auch auf Arbeits- und Tagesabläufe. Manch einer hat hier viel Routine und macht die Dinge immer nach dem gleichen Schema. Das kann man als Struktur bezeichnen.

Bei Menschen, die das als Sicherheit brauchen, entsteht Unruhe, wenn sie dieser Struktur nicht mehr folgen können. Beispielsweise, weil ein neuer Ablauf vorgegeben wird, sie oft unterbrochen werden oder ähnliches.

Manche Menschen können das Büro erst verlassen, wenn der Schreibtisch wieder ordentlich ist oder können nicht schlafen, solange die Wohnung noch unordentlich ist. Man kann aber auch in der Unordnung Struktur haben ;).

Denk auch daran, wenn es zum Beispiel in deiner Firma Neuerungen gibt. Da ist es wichtig zu schauen, wie das so umgesetzt wird, dass die Personen, die viel Struktur brauchen, sich gut abgeholt fühlen.

Brauchst du selbst viel Struktur und fehlt dir diese, sprich das auch an und hilf den anderen so, dich besser zu verstehen. Dabei spielt es keine Rolle, ob es sich um berufliche oder private Dinge dreht.

## Mein Buchtipp für dich

Timothy Ferriss, Die 4-Stunden Woche

## Übungen zur Auswahl

1.Wo fehlt dir Struktur?

Du könntest dein Ablagesystem überarbeiten, deine Mails strukturieren oder auch einen Ablaufplan für eure Meetings erstellen.

Mache das in kleinen Häppchen, sonst hast du wahrscheinlich keine Lust darauf. Du könntest also mit einer Schublade anfangen oder mit den ersten zehn Mails.

2. Bist du abhängig von deiner Struktur und fehlt dir die Gelassenheit, wenn etwas anderes dazwischenkommt?

Dann kümmere dich heute mal nicht darum, dass alles ordentlich und strukturiert ist.

Suche dir dazu einen kleinen Bereich, in den du Unordnung bringst. Das kann auch in deiner Schublade sein, wo es keiner sieht...

## 2.19 Bedürfnisimpuls Toleranz

Toleranz ist ein sehr wichtiges Thema! Viele Menschen behaupten von sich, tolerant zu sein. Doch jeder von uns hat auch Vorurteile, das ist nur menschlich.

Auch musst du nicht alles tolerieren. Dazu macht es Sinn, zu schauen, wo deine Grenzen sind und was du tolerieren kannst und was nicht.

### Was ist Toleranz eigentlich?

Tolerare kommt aus dem Lateinischen und heißt ertragen, erdulden. Es ist die Vorstufe von Akzeptanz. Bist du tolerant, lässt du andere Meinungen oder anderes Verhalten zu, auch wenn du das nicht gut findest und es dir sozusagen „Schmerzen bereitet".

Du pöbelst die Leute nicht an, auch wenn sie eine andere Gesinnung haben als du. Dabei kann es zum Beispiel um Religion, Politik oder auch Sexualität gehen. Denk nur an das Thema Corona und wie viel Aggressivität bei dem Thema zu sehen war oder noch zu sehen ist.

Toleranz hat auch viel mit den Bedürfnissen Offenheit und Freiheit zu tun.

## Wie kannst du toleranter werden?

Umgib dich doch mal mit Menschen, die andere Ansichten haben als du selbst. Hast du immer nur Personen um dich, die deiner Meinung sind, wirst du nicht herausgefordert, auch mal anders zu denken.

## Aufgabe zur Reflexion

Welche Menschen hast du in deinem Umfeld? Bestätigen sie eher deine Ansichten oder ist auch jemand dabei, mit dem du öfter mal aneinandergerätst? Meidest du bestimmte Personen deswegen, weil sie nicht mit dir einer Meinung sind?

- Wo erfährst du selbst Intoleranz?
- Wo siehst du in deinem Umfeld Intoleranz?
- Wie möchtest du in Zukunft damit umgehen?
- Wo bist du selbst nicht tolerant und möchtest gern daran arbeiten?

Tausche dich dazu auch gern mit Andersdenkenden aus und schaue, ob du die Sichtweise nachvollziehen kannst.

Hier kommst du zum PDF mit dem Übungsblatt.

## Mein Buchtipp für dich

Thomas A. Harris, Ich bin o.k. – Du bist o.k.

**P.S.:** In der Justice League und auch bei den Avengers spielt es keine Rolle, ob du männlich oder weiblich bist, was für ein Wesen du bist und aus welchem Universum du kommst. Alle halten zusammen und haben ein gemeinsames Ziel.

## 2.20 Bedürfnisimpuls Unterstützung

Manchen Personen fällt es schwer, sich helfen zu lassen, da sie denken, es ist ein Zeichen von Schwäche. Aber die meisten Menschen finden es toll, wenn sie helfen dürfen.

Ich selbst helfe auch sehr gern und es ist für mich selbstverständlich. Das ist sicherlich auch ein Grund, warum ich Trainerin und Coach geworden bin. Hier kann ich das ausleben und werde sogar dafür bezahlt...

Mir Hilfe zu holen, musste ich erstmal lernen, denn ich dachte immer, ich muss alles allein schaffen und darf niemandem zur Last fallen. Das ist durch meine Kindheit entstanden, in der ich meine Mutter nicht zusätzlich belasten wollte zu all den Problemen, die es durch meinen Vater gab.

Wir Menschen unterstützen uns gern, wenn es freiwillig ist. Deswegen nutzen wir in der gewaltfreien Kommunikation auch eher Bitten statt Forderungen. Letztere nehmen uns die Freiwilligkeit.

## Was ist Unterstützung eigentlich?

Sich gegenseitig unterstützen, helfen, kooperieren. Das wünscht sich jeder Manager für sein Team und Eltern für ihre Familie.

Bedürfnisse, die sehr eng verwandt sind: Fürsorge, Rückhalt, Zusammenarbeit und Zuspruch.

Dabei kann Unterstützung auf unterschiedliche Art geschehen. Das kann finanziell sein, moralisch, emotional oder eben in Bezug auf Körper- oder Geisteskraft :).

Du kannst dich auch selbst unterstützen, indem du dankbar bist für das, was du hast, dich selbst anerkennst und wertschätzt. Helfen kann dir zum Beispiel auch, wenn du ein Buch liest oder einen Kurs belegst.

Spannend finde ich hier, dass es wichtig ist, für einen Ausgleich zu sorgen. Wenn einer viel hilft und der andere nur nimmt, leidet die Beziehung darunter, egal, ob es nun privat oder beruflich ist (siehe Buchtipp Stephen Covey).

Du musst nicht alles eins zu eins aufwiegen, doch es sollte sich ungefähr die Waage halten. Dabei hilft jeder so, wie er kann. Der eine bleibt länger und arbeitet noch am Projekt mit, der andere kann das nicht, da er Kinder hat und nach Hause muss. Dafür erklärt er mehr oder recherchiert, was der andere nicht so gern tut.

## Übungen zur Auswahl

1. Dir fällt es schwer, Hilfe anzunehmen? Dann ist das deine Aufgabe:

Wo brauchst du Unterstützung?

Sprich jemanden an (Kollege / Mitarbeiter) und bitte um Hilfe. Das kann auch erstmal nur eine Kleinigkeit sein.

2. Hilfe annehmen ist kein Problem? Dann ist das deine Aufgabe:

Schaue mal um dich rum, wer könnte Hilfe brauchen? Biete deine Unterstützung an, auch wenn es nur etwas Kleines ist.

Oder hast du sogar jemanden, von dem du weißt, dass diese Person dir mehr geholfen hat als umgekehrt?

In diesem Fall überlege dir, wie du einen Ausgleich schaffen kannst.

## 2. 21 Bedürfnisimpuls Wachstum

Das Leben besteht aus Veränderungen. Das sehen wir an den Jahreszeiten, wie an uns selbst.

Oder bist du noch so wie vor fünf Jahren? Nicht zu wachsen und sich nicht weiterentwickeln ist also schwer. Dennoch gibt es Menschen, die beispielsweise nichts an bestimmten Einstellungen ändern und sich in dieser Hinsicht nicht entwickeln.

### Was ist Wachstum eigentlich?

Wachstum, Entwicklung, Verbesserung, Wissen. Es geht um Veränderung. Bezogen auf den Menschen zum Beispiel von klein zu groß, von weniger Wissen zu mehr Wissen, von weniger selbstbewusst zu selbstbewusster, von schwach zu stark.

Du kannst dir aber auch Wachstum wünschen von der Firma, in der du arbeitest, oder auch von der Personalabteilung. Das kann sich auf Personal beziehen oder auch auf die Einstellung in Bezug auf Führung oder ähnliches.

So habe ich einen Kunden, der gerade seine Hierarchie abbaut und in Richtung Agilität will.

Im Coaching habe ich es schon oft gehört, dass Mitarbeiter gehen, weil ihnen die Entwicklung im

Unternehmen fehlt und sie sich auch nicht weiterentwickeln können.

Lange Freundschaften oder Beziehungen können in die Brüche gehen, wenn sich einer weiterentwickelt und der andere nicht. Es kann auch passieren, dass sich beide in sehr unterschiedliche Richtungen entwickeln. Das habe ich leider auch schon erlebt.

Ein stark ausgeprägtes Bedürfnis nach Sicherheit steht dem entgegen. In diesem Fall werden Veränderungen als überwiegend negativ betrachtet, denn sie gefährden das Bekannte.

Das führt dazu, dass Personen sehr lange in einer Firma arbeiten, in der gleichen Wohnung wohnen oder jahrzehntelange Freundschaften oder Partnerschaften pflegen, auch wenn es eigentlich nicht mehr wirklich passt und sie unzufrieden sind.

# Übung

In welchem Bereich möchtest du dich gern weiter-entwickeln? Was schiebst du vielleicht auch schon lange vor dir her? Gehe heute den ersten Schritt!

## Beispiele:

- Suche das Gespräch mit der Personal-abteilung.
- Recherchiere im Netz nach einem Sprach-kurs.
- Kaufe dir ein Buch zum Thema Nein sagen.
- Gib ein Wohnungsgesuch auf.

**P.S.:** Ant-Man und The Wasp können sich nicht nur klein machen wie eine Ameise. Sie können auch richtig groß werden und haben damit in Sekundenschnelle ein mega Wachstum. Das ist wirklich eine Superkraft, da wir sonst für große Wachstumsschritte viel länger brauchen...

# 2.22 Bedürfnisimpuls Wertschätzung

Jeder Mensch will wertgeschätzt werden. Doch oft tun wir das nicht mal in Bezug auf uns selbst. Was Wertschätzung im Einzelnen für uns bedeutet, ist sehr unterschiedlich.

Sind wir wertschätzender zu uns, ist die Wahrscheinlichkeit größer, dass andere auch wertschätzender zu uns sind.

Wenn wir in unserem Verhalten unsere Wertschätzung zum Ausdruck bringen, bringen wir die Leute meistens zum Lächeln und können ihnen den Tag versüßen.

## Was ist Wertschätzung eigentlich?

Bei der Wertschätzung geht es um eine positive Bewertung von anderen Menschen oder von dir selbst.

Wertschätzung ist auch eng verbunden mit Respekt, Dankbarkeit, Höflichkeit und Freundlichkeit. Wir schätzen den "Wert" einer Person. Oft ist das mit unseren Werten verbunden.

Da uns Hilfsbereitschaft, Ehrlichkeit oder Humor wichtig sind, legen wir diese an den Tag. Das weiß unser Gegenüber an uns zu schätzen. Wir schätzen also, WIE andere sind, also ihre PERSÖNLICHKEIT.

Spannend ist es auch, wenn du mal die Menschen in deinem Umfeld fragst, wie sie für sich Wertschätzung definieren. Es kann durchaus sein, dass du dich selbst als wertschätzend empfindest, andere das aber anders wahrnehmen, da ihnen andere Aspekte der Wertschätzung wichtig sind.

Mir ist Wertschätzung extrem wichtig und so versuche ich, so oft wie möglich wertschätzend zu sein. Dabei achte ich nicht darauf, in welcher Situation ich mich befinde und wer da vor mir steht.

Schade finde ich es, dass manche Menschen oft übersehen werden, wie Verkäufer, Reinigungskräfte oder Personal im öffentlichen Nahverkehr. Diese Menschen brauchen genauso viel Aufmerksamkeit und Wertschätzung wie alle anderen auch, bekommen sie aber ganz oft nicht.

Da wird ganz oft im Stress nicht mal ein „Guten Morgen" , „Hallo" oder „Einen schönen Tag noch" gewünscht. Auch der Blickkontakt fehlt hier häufig.

## Übungen

1. Schätze dich heute besonders wert!

Schreibe dir auf, welche zehn Eigenschaften du an dir besonders magst. Das kannst du auch als kleines Büchlein führen und dort regelmäßig reinschauen.

Bitte schreibe auch die Eigenschaften auf, von denen du denkst, sie wären selbstverständlich. Das sind sie nämlich oft nicht ;).

2. Welcher Person könntest du mal wieder zeigen, dass du sie wertschätzt? Wie willst du das machen? Über ein Danke, eine Umarmung, ein Lächeln, ein kleines Geschenk, gemeinsame Zeit?

## Mein Buchtipp für dich

Byron Katie, Lieben was ist

## 2.23 Bedürfnisimpuls Zugehörigkeit

Wir alle gehören zu irgendeiner Gruppe dazu. Das kann die Familie sein, ein Team am Arbeitsplatz oder auch eine Versammlung zu einem bestimmten Thema.

Doch selbst wenn wir objektiv gesehen ein Part von etwas sind, kann es sein, dass es sich nicht so für uns anfühlt.

Ich kann mich erinnern, dass ich mich früher lange als Außenseiterin betrachtete. Schließlich rauche ich nicht, trinke keinen Alkohol und habe auch noch nie gekifft. Da war ich in der Teenagerzeit echt eine Ausnahme. Erst während des Studiums traf ich auch Menschen, die mein Bedürfnis nach Zugehörigkeit erfüllten.

Zusätzlich hatte ich mir andere Menschen gesucht, zu denen ich mich zugehörig fühle. Zum Beispiel andere Nerds, die auch verrückt sind nach Superhelden. Über dieses Thema habe ich sogar meinen Verlobten kennengelernt...

## Was ist Zugehörigkeit eigentlich?

Zugehörigkeit heißt, Teil von einer Gruppe zu sein oder sich zumindest zugehörig zu fühlen.

Wenn wir keine Zugehörigkeit haben, fühlen wir uns nicht wohl. Dann sind wir einsam oder unsicher, ängstlich, traurig oder auch frustriert.

Wir Menschen sind „Herdentiere" und keine Einzelgänger. Selbst wenn wir introvertiert und lieber allein sind als ständig unter Menschen, brauchen wir eine Gruppe, zu der wir gehören. Das ist in der Regel unsere Familie, doch wir können uns auch andere Gruppen suchen.

Am Arbeitsplatz ist es ebenfalls unschön, wenn man denkt, man gehört nicht dazu. Das kann Tätergefühle (Gedanken, die wir als Gefühle tarnen) auslösen wie zum Beispiel „sich ausgestoßen" zu fühlen. Meistens gehören wir zu mehreren Gruppen, auch wenn uns das nicht immer bewusst ist.

Im Konflikt fokussieren wir meistens das, was uns trennt. Also liegt der Fokus darauf, was der andere nicht so macht, wie wir es für richtig halten. Wir könnten den Fokus auch darauf lenken, was uns verbindet. Nämlich, dass wir alle Menschen sind mit Gefühlen und Bedürfnissen. Das machen wir zum

Beispiel, wenn wir uns mit der gewaltfreien Kommunikation und ihrer Haltung beschäftigen...

## Übungen zur Auswahl

1.Gibt es Personen, die du mehr einbeziehen kannst?

Gibt es bei dir Teams, in die andere auch gut reinpassen würden? Dabei kann es sich auch um Menschen handeln, die gemeinsam nach der Arbeit ein Bier trinken oder Fußball spielen gehen ;).

2. Wo wünschst du dir selbst mehr Zugehörigkeit?

Überlege dir, mit wem aus deiner Firma du gern mehr Bindung hättest. Frag doch mal nach, ob die andere Person auch Lust hat, demnächst mit dir die Pause zu verbringen oder nachmittags einen Kaffee zu trinken. Das könnte auch jemand Neues aus der Firma sein.

## Mein Buchtipp für dich

Marshall Rosenberg, Gewaltfreie Kommunikation

## 2.24 Bedürfnisimpuls Zuverlässigkeit

Würdest du sagen, dass man sich auf dich verlassen kann?

Das habe ich von mir immer gedacht und behauptet, bevor ich wusste, was da alles mit hinzugehört. Nun arbeite ich daran, denn es ist mir wichtig, dass Menschen sich auf mich verlassen können.

### Was ist Zuverlässigkeit eigentlich?

Zuerst denken wir dabei an Termine, Zusagen, Meinungen, die eingehalten werden oder konstant sind.

Zuverlässigkeit, Sorgfalt, Verantwortungsbewusstsein, Sicherheit gehören eng zusammen.

Zuverlässige Menschen geben uns Sicherheit, denn wir wissen, woran wir sind und dass Absprachen eingehalten werden. Oder auch, dass sich bestimmte Ansichten der Person nicht ständig ändern. Das gibt uns Sicherheit, denn jemand, der ständig seine Meinung ändert, ist schlecht einschätzbar.

Bedenke jedoch, dass nicht alle Menschen diesen Begriff gleich definieren.

Zuverlässigkeit hat für viele etwas mit Pünktlichkeit zu tun, obwohl Pünktlichkeit kein Bedürfnis, sondern ein Wert ist.

Manch einer stört sich nicht an einer Verspätung von 15 Minuten, während andere eher zu früh sind und Verspätungen ganz schrecklich finden.

Zuverlässigkeit heißt auch, dass man Termine rechtzeitig absagt, wenn man merkt, dass man es nicht schafft, sie einzuhalten.

Du wirkst nicht zuverlässig, wenn du öfter Termine verschiebst. Es macht einen besseren Eindruck, wenn du weißt, was für dich machbar ist. Sag dem anderen zum Beispiel, dass du das, was er von dir möchte, erst in einigen Wochen machen kannst.

Das musste ich erst mal für mich lernen, denn ich habe immer zu viele Termine geplant und merkte dann, dass das doch nicht geht.

Nun achte ich in meiner Planung mehr darauf, dass meine Woche nicht zu voll ist und dass ich zum Beispiel in Wochen, in denen ich viele Trainingstage habe, nicht zu viele andere Sachen plane. Ich brauche dann einfach mehr Zeit für mich.

## Übungen zur Auswahl

Mache bitte eine Bestandaufnahme in Bezug auf dich selbst. Überlege dir, was dir helfen kann, damit sich das ändert, wenn du merkst, dass du gern zuverlässiger sein möchtest.

1. Wo bist du zuverlässig? Freue dich darüber und mach es weiter so.

2. Wo hältst du Termine nicht ein, sagst zu spät ab oder sagst gar nicht ab?

3. Bei welchen Themen änderst du oft deine Meinung?

4. Merkst du, dass du einer Person öfter abgesagt hast, sprich das an.

Hier geht es zum Übungsblatt.

# 3. Schlusswort und Bitte

Wenn du mehr auf deine Bedürfnisse achtest, trägst du selbst dazu bei, dass du zufrieden und glücklich bist. Versteife dich nicht drauf, dass andere Schuld daran haben, dass es dir nicht gut geht.

Klar, du kannst nicht alles beeinflussen oder gar kontrollieren. Doch ganz viel ist möglich, wenn du die Augen aufhältst und dich in Flexibilität übst.

Schließlich gibt es ganz viele verschiedene Wege, wie du deine Bedürfnisse erfüllen kannst. Gehe dazu Schritt für Schritt vor. Schaue dir immer wieder an, was du konkret brauchst, damit du ein glückliches und erfülltes Leben hast.

Ich wünsche dir aus ganzem Herzen, dass du mehr auf dich achtest, ohne dabei dein Umfeld zu vernachlässigen ; ). Bringe deine Bedürfnisse und die der anderen in Einklang, so oft es geht. Du wirst sehen, du wirst mit dir und deinem Leben wesentlich zufriedener sein.

Willst du dich mehr mit der gewaltfreien Kommunikation beschäftigen? Dann ist auch mein Buch „Superkräfte für Führungskräfte- Gewaltfreie Kommunikation im Beruf" für dich spannend.

Es gibt dir einen tiefen Einblick in die gewaltfreie Haltung und die vier Schritte, mit der diese verbunden ist. Zusätzlich erfährst du auch mehr über weitere Tools, welche die GFK wunderbar unterstützen.

## Bitte

Schreib mir gern deine Fragen, Anregungen und Kritik.

Auch freue ich mich sehr, wenn du mir, zum Beispiel bei Amazon, ein Feedback zu meinem Buch schreibst. So hilfst du mir dabei, noch viel mehr Menschen mit diesem so wichtigen Thema Selbstfürsorge zu erreichen.

Ich danke dir schon jetzt und wünsche dir ganz viel Erfolg in der Umsetzung!

Alles Liebe

deine Susanne

Berlin, März 2023

# 4. Weiterführende Literatur

- **Byron Katie:** Lieben was ist. Wie vier Fragen Ihr Leben verändern können, 2002.

- **Eric Berne:** Spiele der Erwachsenen: Psychologie der menschlichen Beziehungen, 1970.

- **Friedemann Schulz von Thun**: Miteinander reden. Band 1 - Störungen und Klärungen - Allgemeine Psychologie der Kommunikation, 2008.

- **Friedemann Schulz von Thun**: Miteinander reden. Band 2 - Stile, Werte und Persönlichkeitsentwicklung: Differentielle Psychologie der Kommunikation, Reinbeck bei Hamburg, 1981.

- **Gary Chapman:** Die 5 Sprachen der Liebe. Wie Kommunikation in der Partnerschaft gelingt, 2012.

- **Julia Tomuschat:** Das Sonnenkind-Prinzip: Selbstliebe, Leichtigkeit und Lebensfreude wiederentdecken, 2016.

- **John Bradshaw:** Das Kind in uns. Wie finde ich zu mir selbst, 2014.

- **Katharina Boguslawski**: Dein kreativer Avatar. Wie du innovative Ideen generierst und andere von ihnen überzeugst, 2021.

- **Kristin Neff:** Selbstmitgefühl. Wie wir uns mit unseren Schwächen versöhnen und uns selbst der beste Freund werden, 2021.

- **Marshall Rosenberg**: Gewaltfreie Kommunikation: Eine Sprache des Lebens, 2009.

- **Matthias Hammer**: Der Feind in meinem Kopf: Stopp den inneren Kritiker, 2015.

- **Michael Hilgert:** Wege aus der Stressfalle, 2014.

- **Stephen R. Covey**: Die effektive Führungspersönlichkeit. Prinzipienorientiert managen, 2009.

- **Susanne Lorenz:** Superkräfte für Führungskräfte- gewaltfreie Kommunikation im Beruf, 2. Auflage 2022.

- **Thomas A. Harris:** Ich bin o.k. – Du bist o.k.: Wie wir uns selbst besser verstehen und unsere Einstellung zu anderen verändern können. Eine Einführung in die Transaktionsanalyse, 1975.

- **Timothy Ferriss,** Die 4-Stunden Woche, 2011.

- **Vera F. Birkenbihl**: Das „neue" Stroh im Kopf". Vom Gehirn-Besitzer zum Gehirn-Benutzer, 2001.

- **Vivian Dittmar**: Der emotionale Rucksack. Wie wir mit ungesunden Gefühlen aufräumen, 2018.

- **Vivian Dittmar**: Gefühle und Emotionen. Eine Gebrauchsanleitung, 2014.

# 5. Über mich

Ich bin Susanne Lorenz von wirksam kommunizier-
en. 2012 habe ich mich selbständig gemacht und
arbeite seitdem als Kommunikationstrainerin und
Business Coach. Dabei habe ich mich auf Führungskräfte spezialisiert, nachdem ich im Anschluss an
mein Germanistikstudium selbst mehrere Jahre als
Managerin Erfahrungen gesammelt habe.

Business Kommunikation auf Grundlage der stress-
freien, gewaltfreien Kommunikation ist meine Lei-
denschaft! Meine Vision ist, dass Menschen am Arbeitsplatz mehr miteinander statt übereinander reden und konstruktiv ansprechen, was sie stört.

Das ist immer leichter, wenn man sich und seine
Bedürfnisse besser versteht und auch für sie sorgt.

So führe ich Einzelberatungen als Coach durch,
leite offene Seminare und Workshops in Unternehmen, um dort die Transparenz und Wertschätzung
im Umgang miteinander zu erleichtern.

Kontakt: sl@wirksam-kommunizieren.de

www.wirksam-kommunizieren.de

Auf meiner Website wirksam-kommunizieren.de
findest du alle meine Kurse, mein Coaching, mein

Buch „Superkräfte für Führungskräfte" und auch meinen Blog zu den Themen Kommunikation und Führung.

Über den QR-Code kommst du direkt zu meiner Seite, auf der du alles findest.